DISCOURS

PRONONCÉ LE 3 OCTOBRE 1891

En l'Église Saint-Philippe-du-Roule, à Paris

par

M.  L'ABBÉ de BEAUVOIR

Chanoine honoraire
Curé de Saint-Godard de Rouen

A L'OCCASION DU MARIAGE

de

Monsieur le Comte de BOISGUILBERT

et de

Mademoiselle Charlotte THOMAS

Rouen. — Imp. E. Cagniard, rues Jeanne-d'Arc, 88, et des Basnage, 5.

Monsieur, Mademoiselle,

Un père de l'Église, saint Jean-Chrysostôme, donnait ce conseil aux chrétiens de son temps : « Quand vous êtes pour convoler à des noces, invitez vos concitoyens, appelez vos amis, demandez à vos proches qu'ils vous honorent de leur présence, et surtout conjurez Notre-Seigneur Jésus-Christ de tenir une place au milieu de vous : *Quando facturus es nuptias.... voca vicinos, et amicos, et cognatos, ante alios omnes voca Christum.* »

On croirait que vous vous êtes entendus tous deux pour réaliser ce même désir. Vous convolez à des noces, c'est-à-dire vous venez au pied des autels fixer vos destinées pour toujours, contracter devant Dieu l'obligation de vous dévouer l'un à l'autre, tant qu'il restera dans vos membres un souffle de vie, jurer en face du Ciel et de la terre que vous vous aimerez jusqu'à la mort, et qu'entre vous l'homme ne séparera jamais ce que Dieu aura uni.

Vous avez convoqué vos concitoyens. Un grand nombre s'est rendu à votre appel. N'est-ce pas pour vous montrer combien l'acte que vous allez accomplir excite les sympathies de tous?

Vos amis sont venus à leur tour pour vous encourager de leurs souhaits, et applaudir à votre joie. Je ne m'en étonne pas. On sait que vous en comptez beaucoup en ce monde et des meilleurs. Comment ne seraient-ils pas accourus pour s'unir à vous, en un moment si solennel que celui de votre mariage?

Vous avez convoqué vos parents. Plusieurs même sont venus de loin. Chacun d'eux a laissé ses intérêts, suspendu ses affaires, arrêté ses entreprises. C'est justice. Il convient que vos proches, et c'est un besoin pour leurs cœurs, s'associent de près au plus grand acte de votre vie.

Est-ce là l'expression de vos vœux tout entière?

Vous suffit-il, pour la réalisation de vos rêves, de voir dans cette assemblée les visages de vos concitoyens, de vos amis, de ceux qu'unissent à vous les liens du sang? — Non.

Cette église ne vous semblerait pas remplie selon vos désirs, si vous n'y étiez sous le charme de la présence de Notre-Seigneur, je veux parler de sa présence dans vos cœurs, par son amour et par sa grâce. Aussi, l'avez-vous appelée, cette divine présence, comme la réalisation du plus cher de tous vos vœux. Vous vous êtes préparés à la grâce du mariage, en renouvelant dans votre âme toutes celles que les autres sacrements vous ont tant de fois dispensées. N'est-ce pas suivre le conseil que vous donne l'Église par la voix des Saints : « *Ante alios omnes, voca Christum.* »

Et certes, ce n'est pas seulement d'hier que ces sentiments dominent dans vos âmes.

Rappelez-vous l'éducation qu'on vous a donnée dans vos familles ; ne fut-elle pas empreinte, depuis l'origine et au plus haut degré, de religion et d'honneur chrétien ?

Vous, Monsieur, n'avez-nous pas vu s'écouler vos jeunes années dans le milieu le meilleur pour l'âme d'un enfant ?

Avec une mère comme la vôtre, dévouée au bien sous toutes les formes, prête à tous les sacrifices quand il s'agit de votre intérêt, connue entre toutes par la distinction de ses manières, l'élévation de son esprit, la générosité de son cœur, comment auriez-vous pu ne pas obéir à sa douce influence ? N'aviez-vous pas en elle, tous les jours, un de ces exemples auxquels une âme sensible ne résiste pas?

Et que penser de l'homme de bien que Dieu, dans sa prévoyance, a daigné vous donner pour père? Comme il a su toujours reporter sur sa famille, sur votre pieuse mère, sur votre sœur, sur vous, le dévoûment dont est capable son cœur si généreux! Il avait souhaité de trouver plus tard, en vous, un fils digne de lui. Laissez-moi vous dire, au risque de blesser votre modestie, que la meilleure des consolations de sa vieillesse est d'avoir vu se réaliser son plus cher désir.

Il est vrai que le Ciel avait ménagé à votre père et à votre mère un concours très efficace pour les aider dans le travail de votre éducation chrétienne, en appelant, à vivre à leur foyer, un homme savant autant que modeste, le digne époux de votre sœur bien-aimée. Que de sages conseils il vous a donnés! Comme il a contribué à vous inspirer, de bonne heure, l'amour de l'étude, le désir de vous rendre utile un jour, le besoin de remplir plus tard dans le monde un rôle digne de vous! Vous ne sauriez trop vous en souvenir, pour que votre gratitude reste toujours à la hauteur des services qu'on vous a rendus.

Et pourquoi ne le dirais-je pas?

Vos parents n'ont-ils pas rencontré, pour former votre âme, d'autres auxiliaires? Qu'est-ce que ce collège d'Arcueil, où se sont écoulées vos plus belles années, sinon l'école du respect, de la piété, du devoir, de cette discipline austère, si propre à former aux mâles vertus la jeunesse de notre pays et de notre temps? Que sont ces fils de saint Dominique, où Dieu avait choisi les maîtres qui furent les vôtres, sinon des prêtres modèles, les éducateurs les plus dévoués au service des enfants de l'Église, les très dignes disciples du grand Lacordaire, leur second père, disant pour eux et avec eux, à la face de la patrie française : « *Puissiez-vous, mon pays, ne jamais désespérer de votre cause, vaincre la mauvaise fortune par la patience, et la bonne par l'équité envers vos ennemis; aimer Dieu qui est le père de tout ce que vous aimez, vous agenouiller devant son fils Jésus-Christ, le libérateur du monde; ne laisser passer à personne l'office éminent que vous remplissez dans la création, et trouver de meilleurs serviteurs que moi, mais non pas de plus dévoués?* »

Qu'il me soit permis d'ajouter encore, combien doit revivre dans vos souvenirs le nom de votre illustre ancêtre, « Le Pesant de Boisguilbert. »

Quelles leçons à retirer, de nos jours, de cette gloire de votre maison!

Comme votre aïeul vous instruit maintenant, après plus de deux siècles de renommée!

Contemporain du grand siècle, où il a si vaillamment combattu sur le terrain pacifique de l'économie politique et des réformes sociales, proche parent des deux Corneille, n'est-il pas votre maître à tous, dans la fidélité aux nobles causes, que les vôtres s'honorent d'avoir aimées pendant de si longues suites d'années? Serviteur autant que personne de notre monarchie française, Boisguilbert aimait le grand Roi. Il l'appelait *le meilleur prince qui fut jamais*. Il était plein de respect pour ce monarque, qui, disait-il, *n'a point eu de pareil par le passé*.

Votre aïeul n'aimait pas moins la France ; il se disait *l'avocat du peuple*. Il plaidait, dans ses écrits, la cause des faibles.

Pourquoi ses contemporains n'ont-ils pas entendu sa voix ? On eût évité à notre pays bien des ruines, bien des crimes et bien des malheurs !

Chose digne de remarque : élevé à l'une des magistratures les plus honorables de sa province de Normandie, Boisguilbert restait convaincu, comme vous, que la France puise surtout sa richesse dans les productions du sol, et il se rappelait avec joie « *ces quinze années de forte application au commerce et au labourage, auxquelles*, « disait-il », *je suis redevable de toute ma fortune.* »

Conservez, Monsieur, sans les altérer jamais, ces traditions de votre famille ; elles seront votre force pendant la vie. Dieu vous bénira. Il vous dispensera le plus précieux de ses bienfaits, la paix du cœur, et la joie d'une conscience à l'abri de toute crainte et de tout reproche.

Et vous, Mademoiselle, que de souvenirs vous rappelle, à vous aussi, votre première jeunesse !

Quel dévoûment que celui de votre tante, si bonne et si affectueuse pour vous ! Son seul but n'a-t-il pas été de faire de vous une femme accomplie, capable de pratiquer un jour les vertus que réclamerait votre situation dans le monde ? Comme elle s'estimait heureuse, d'avance, en voyant votre piété, votre douceur, la délicatesse de vos sentiments, de penser qu'elle pourrait goûter plus tard le fruit de ses efforts !

Aussi, quelle vigilance n'a-t-elle pas exercée sur vous, sans que rien ait jamais pu la distraire de ses sollicitudes et de l'entraînement de son cœur vers une nièce tendrement aimée !

Depuis que vous fûtes confiée à ses soins, s'est-elle jamais séparée de vous ? Votre vie et la sienne se trouvaient confondues, et vous étiez devenue, depuis longtemps, l'âme de son âme.

Quelle gratitude vous lui garderez ! Que ce soit en vous un de ces sentiments dont l'âme ne se départit jamais ! C'est de son cœur, vous le sentez, qu'aura jailli la source des joies que la Providence vous donnera de goûter dans l'avenir.

Ah ! comme vous aimerez encore à revenir auprès

d'elle, à passer avec d'elle de longs jours, à redire ensemble les souvenirs de votre enfance, à rendre grâces à Dieu, dans un élan commun de vos âmes, de ce que sa bonté suprême vous aura ménagé de bonheur sur la terre !

Toute autre sera dans l'avenir votre destinée.

Dans notre cher pays de Normandie, en face du lieu que nos pères appelaient, dans l'élan de leur foi, *le Hâvre de Grâce*, en souvenir de la Vierge Marie, canal de toute grâce et protectrice des navigateurs, s'élève, sur la rive gauche de la Seine, un beau castel, sous le patronage de saint Pierre, le prince des Apôtres. Près de là, le noble fleuve, sorti des contrées si fertiles de la Bourgogne, après avoir baigné les murs de Notre-Dame de Paris, embelli son cours par des sinuosités nombreuses, et enrichi diverses provinces, se jette dans la vaste mer. C'est comme une figure de la vie humaine, entrant dans l'immensité de l'infini où elle va se perdre sans retour.

Tel est le séjour que Dieu vous appelle à charmer de votre présence.

Là, vous continuerez l'œuvre de la sanctification de votre âme, en vous élevant jusqu'à Dieu, dans la contemplation des merveilles sorties de ses mains.

Petite-fille de Thomas de Colmar, émule, en ce siècle, de l'économiste Boisguilbert, et fondateur d'une de ces sociétés qui sont la sauvegarde de la fortune et de l'honneur de tant de familles, vous voudrez, dans la mesure de vos forces, imiter votre aïeul ; vous établirez chez vous, à la plus grande gloire de Dieu, le règne pacifique de la charité chrétienne, en attirant à vous les cœurs, en aimant les pauvres, en faisant bénir votre nom parmi ce peuple de nos campagnes, où l'on rencontre moins qu'ailleurs, l'indifférence et l'ingratitude. Enfin, vous vivrez à Saint-Pierre toujours heureuse au milieu des vôtres, près de la nouvelle famille que Dieu vous donne à aimer, dans ce foyer que vous aurez fondé, et où Dieu, pour récompenser votre vertu, vous comblera de ses meilleurs dons.

Avant de recevoir vos serments, qu'il nous soit permis de remercier de loin l'excellent pasteur de cette paroisse, dont nous regrettons aujourd'hui l'absence, d'avoir bien voulu nous choisir, sur votre demande à tous deux, pour bénir votre mariage. Nous n'attendions pas moins de sa bonté pour nous. Il y a déjà de longues années, nous faisions, sous sa conduite, nos débuts dans le ministère des âmes, au catéchisme de persévérance des jeunes filles de Saint-Sulpice, l'un des meilleurs souvenirs de notre vie. Que nous eussions été heureux, après plus d'un quart de siècle, de lui redire de vive voix notre gratitude pour les leçons et les exemples qu'il nous a donnés !

Quant à nous, et vous savez l'un et l'autre combien

c'est un élan de notre cœur, nous formons les vœux les plus sincères pour votre bonheur.

Nous ne saurions les formuler en termes plus précis que ceux dont se sert l'Église et qu'elle met sur nos lèvres pour vous bénir.

Aussi, vous disons-nous, avec toute la ferveur dont notre âme est capable, ces paroles de la sainte Liturgie :

« Que le Dieu d'Abraham, d'Isaac et de Jacob vous bénisse, et qu'il réalise en vous ses bénédictions. Qu'il vous donne de voir les fils de vos fils jusqu'à la troisième et la quatrième génération, et que vous entriez plus tard dans la vie éternelle, celle qui ne finira pas, par les mérites de Jésus-Christ Notre-Seigneur. Ainsi soit-il. »

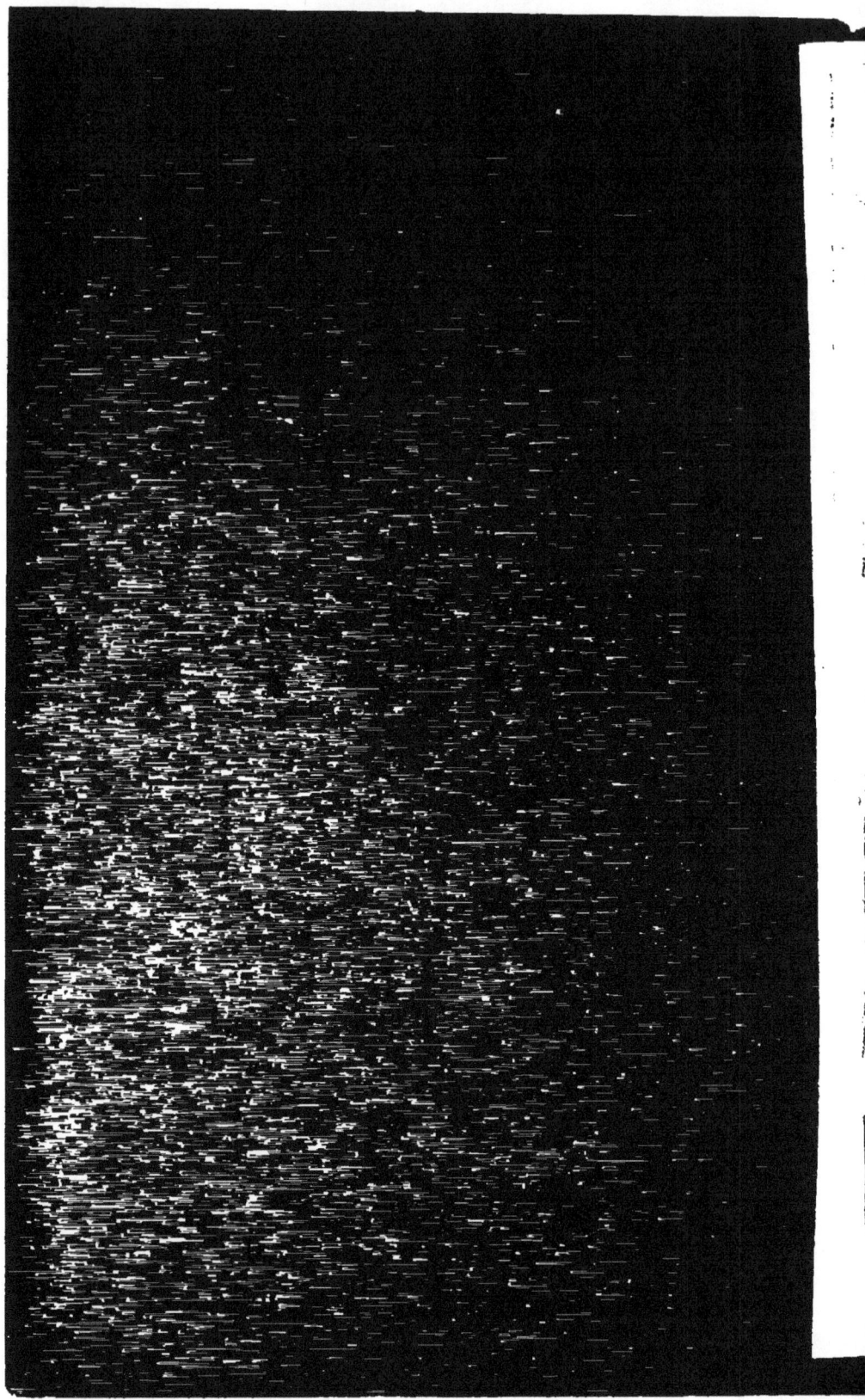

www.ingramcontent.com/pod-product-compliance
Lightning Source LLC
Chambersburg PA
CBHW060556050426
42451CB00011B/1934